guia da Trixie
PARA UMA VIDA FELIZ

guia da Trixie
PARA UMA VIDA FELIZ

POR TRIXIE KOONTZ
CONFORME RELATADO A DEAN KOONTZ

Tradução
Débora Guimarães Isidoro

BestSeller

CIP-BRASIL. CATALOGAÇÃO NA FONTE
SINDICATO NACIONAL DOS EDITORES DE LIVROS, RJ.

K86f
Koontz, Dean R. (Dean Ray), 1945
Guia da Trixie para uma vida feliz: por Trixie Koontz, conforme relatado a Dean Koontz; tradução: Débora Guimarães Isidoro. — Rio de Janeiro: Best*Seller*, 2010.

Tradução de: Bliss to you: Trixie's guide to a happy life
ISBN 978-85-7684-308-5

1. Cão — Miscelânea. 2. Animais de estimação. I. Título.

09-5957
CDD: 636.70887
CDU: 636.76

Texto revisado segundo o novo Acordo Ortográfico da Língua Portuguesa.

Título original norte-americano
BLISS TO YOU – TRIXIE'S GUIDE TO A HAPPY LIFE
Copyright © 2008 by Dean Koontz
Copyright da tradução © 2009 by Editora Best Seller Ltda.

Publicado mediante acordo com Lennart Sane Agency AB.

Foto de capa: Monique Stauder
Design de capa: Tina Taylor
Adaptação da capa original: Studio Creamcracker
Editoração eletrônica: editoríârte

Todos os direitos reservados. Proibida a reprodução,
no todo ou em parte, sem autorização prévia por escrito da editora,
sejam quais forem os meios empregados.

Direitos exclusivos de publicação em língua portuguesa para o Brasil
adquiridos pela
Editora Best Seller Ltda.
Rua Argentina, 171, São Cristóvão
Rio de Janeiro, RJ – 20921-380
que se reserva a propriedade literária desta tradução.

Impresso no Brasil
ISBN 978-85-7684-308-5

Seja um leitor preferencial Record.
Cadastre-se e receba informações sobre nossos lançamentos e nossas promoções.

Atendimento e venda direta ao leitor
mdireto@record.com.br ou (21) 2585-2002

*Eu, Trixie, que sou cão,
dedico este livro a minha mãe humana, Gerda,
cuja voz calma e olhar bondoso
sempre me encheram de alegria.*

sumário

Prefácio: Totos, Trixie do Outro Lado 9
Introdução: De que Trata Meu Livro 13

Primeiro Passo para Felicidade: Calma 17
Segundo Passo para Felicidade: Beleza 29
Terceiro Passo para Felicidade: Diversão 50
Intervalo para um Pouco de Sabedoria Canina 62
Quarto Passo para Felicidade: Significado 79
Quinto Passo para Felicidade: Os Outros 97
Sexto Passo para Felicidade: Humildade 112
Intervalo para um Pouco de Sabedoria sobre Cães 124
Sétimo Passo para Felicidade: Perda 135
Oitavo Passo para Felicidade: Gratidão 149

Prefácio

Totos,
Trixie do outro lado

POR DEAN KOONTZ

Nossa Trixie, uma bela golden retriever com o temperamento de um anjo, foi uma filha para nós e deixou este mundo três meses antes de completar doze anos de idade, em um sábado, pouco depois das duas da tarde. Ela reside agora com muitos outros bons cães nas campinas de Rainbow Bridge, onde espera que deixemos este mundo para nos juntarmos a ela.

Quatro meses depois de minha esposa Gerda e eu perdermos nossa menina, nossa tristeza era profunda. Nas semanas que se seguiram a sua morte, quando se aproximava o horário de duas da tarde aos sábados, a lembrança dela tornava-se tão intensa que não suportávamos nenhuma atividade corriqueira. Caminhávamos juntos, de mãos dadas, percorrendo aqueles dois acres e meio que Trixie tanto amava, visitando todos os seus lugares favoritos.

Três semanas depois da morte de Trixie, no horário em que ela havia falecido, quando caminhávamos pelo gramado, uma brilhante borboleta dourada saiu da pimenteira. Aquela borboleta era diferente das que já tínhamos visto — e das que ainda veríamos. Ela era grande, maior que a minha mão, e de um dourado brilhante, não amarela. Ela voou em torno de nossas cabeças três ou quatro vezes, roçando nossos rostos e cabelos, como nenhuma borboleta jamais fizera. Depois, voltou à pimenteira e desapareceu no céu. Gerda, a pessoa mais centrada que já conheci, disse imediatamente:

— Aquela era Trixie?

E eu respondi sem hesitar:

— Sim. Era ela.

Não dissemos mais nada sobre essa experiência até mais tarde, perto da hora de dormir, quando comentamos sobre a incrível espessura das asas da borboleta, grossas demais para serem aerodinâmicas. Gerda se lembrava delas como "quase orladas por cordas brilhantes", e para mim elas lembravam vitrais com beiradas ornamentadas. Nenhum paisagista que trabalhou aqui jamais viu borboleta como aquela antes, ou mesmo depois. Nem nós; e ela dançou em volta de nossas cabeças na mesma hora em que Trixie havia morrido três semanas antes.

Prefácio

Os céticos vão torcer o nariz, e eu lamento por eles. Sempre acreditarei que nossa menina queria nos fazer ver que a intensidade de nosso sofrimento não era apropriada, que ela estava bem. Compartilhando essa história com amigos, descobri que outros que perderam um cachorro amado viveram experiências místicas bem diferentes da nossa, mas que também pareciam ter o propósito de informar que o espírito do animal de alguma forma sobrevivera.

Em meu site, a página de Trixie é sempre uma das mais visitadas. Com suas fotos e textos, ela conquistou muitos fãs. Prometi a eles que ainda teriam notícias de Trixie, porque, afinal, seu espírito é imortal. Atualmente, quando Trixie posta mensagens e reflexões, elas são chamadas de TOTOS, um acrônimo para *Trixie on the Other Side* (Trixie do Outro Lado).

E agora, em suas mãos, está seu terceiro livro. Ela publicou os dois primeiros quando ainda era viva, mas me enviou este pelo computador. Todas as noites, eu desligava a máquina, e todas as manhãs eu a encontrava novamente ligada, a tela iluminada, exibindo mais um capítulo que havia sido enviado de Rainbow Bridge.

Consequentemente, aqui está o terceiro livro de minha filha peluda, no qual ela oferece sabedoria canina, o que, espera, trará mais alegria para a vida de seus leitores. Os royalties do autor serão doados para a Canine Companions for Independence, a maravilhosa organização que provê cães de assistência altamente treinados para atender pessoas com necessidades especiais.

Introdução

de que trata meu livro

POR TRIXIE KOONTZ

Seja feliz. Sou eu, Trixie Koontz, que fui cão, sou cão, sempre serei cão. Não há nada melhor para ser. Se você lendo isto é cachorro, sabe que digo verdade. Se é leitor humano — confie em mim.

Sou cão, e cão não sabe mentir.

Cachorro pode provocar gato estúpido quando não deve. Cachorro pode prender gato adormecido a pipa, gato acorda a seis metros do chão, olha para baixo, vê cachorro rindo e acenando.

Cachorro pode comer salsicha de piquenique quando não tem ninguém olhando. Cachorro pode comer salada de batatas depois. E aí pode comer torta de maçã. Cachorro pode comer até não deixar nada para humanos além de talos de aipo.

Não sugerindo esse comportamento para seu cachorro. Apenas dizendo aquilo que cachorros travessos podem fazer. Não cachorros "maus". Não existem cachorros maus, apenas maus donos. Essa é frase que cachorros travessos consideram mais eficiente em tribunal, e é verdade.

Ou, sozinho quando resto da família sai para jantar, cachorro travesso pode fazer xixi no chão para expressar opinião. Experimente na próxima vez que quiser se expressar com cônjuge ou filhos. Realmente funciona.

Mas cachorros não podem mentir.

Também não podem dirigir. Não quero nem começar a falar nisso. É tão injusto. Cachorros são mais responsáveis que maioria das estrelinhas de Hollywood, e todas elas dirigem. Maioria bêbada. Cachorros só bebem água. Talvez suco de fruta. E não é suco de fruta fermentado. No interesse da segurança pública, a lei devia permitir que bons cachorros dirigissem para estrelinhas de Hollywood.

Eu, Trixie, que sou cão, escrevi dois outros livros. *Life is Good: Lessons in Joyful Living* e *Christmas is Good*. Nunca pensei escrever terceiro. É do sangue da família Koontz, necessidade insana de escrever. Uma noite quis uivar para lua. Em vez disso, sentei em computador e *escrevi sobre* uivar para lua. Talvez precise de terapia.

Enfim, este livro é sobre felicidade — o que é e como encontrar. Humanos todos querem felicidade, mas acabam em cadeia ou em tribunal de pequenas causas, ou em uma clínica de reabilitação, ou falidos em Las Vegas, ou perdidos no mar, ou limpando arenques em pesqueiro fedorento no Alasca e se perguntando: *Como vim parar aqui?*

Todos cachorros conhecem segredo para conquistar felicidade. E aqui no outro lado, em companhia de anjos que jogam bolas de tênis para nós e coçam nossa barriga, aprendi ainda mais sobre o assunto.

Eu, Trixie, amo humanos. Todos bons cães amam. Quero humanos conhecendo verdadeira felicidade sem cadeia depois. Estrada para felicidade é pavimentada com sabedoria canina. Vou mostrar a você o caminho para felicidade. Siga-me.

primeiro passo para felicidade:
Calma

O mundo é agitado. É assustador. É muita coisa sempre vindo a seu encontro. Telefonemas, mensagens de texto, e-mails, spam*, mas não do tipo gostoso. Engarrafamento nas ruas, violência no trânsito, shoppings lotados. Crianças pequenas puxando seu rabo, gatos psicopatas com olhos que reviram, matilhas de coiotes sombrios uivando no desfiladeiro no meio da noite.

Para encontrar felicidade, precisa antes dar distância de todo medo/agito. Sair correndo não adianta, porque vai continuar agitação maluca.

---

* Aqui, é feito um trocadilho com o termo em inglês *spam*, que pode significar mensagens de e-mail indesejadas ou presunto condimentado (*spiced ham*). (N. da E.)

Primeiro Passo para Felicidade: Calma

Eu, Trixie, não estou falando em desligar, como você às vezes faz quando o chefe está falando. Não quero dizer se alienar, virar vagabundo, ou desenvolver odor corporal tão forte que mata pequenas aves.

Não importa em que tipo de medo/agito você está encurralado, sempre tem lugar calmo bem perto. Geralmente, vida é um rio caudaloso. (Isso é aquilo que os cachorros chamam metáfora.) Então às vezes você precisa nadar para margem e sentar por um tempo.

Sua vida pode parecer pior que rio caudaloso. Pode parecer elevador despencando. Então você está muito longe da felicidade. Você precisa apertar botão parada de emergência.

Dar distância, nadar para margem, botão parada de emergência: tudo leva ao mesmo lugar. Lugar chamado Coração Tranquilo.

Primeiro Passo para Felicidade: Calma

Cães vivem maior parte da vida em Coração Tranquilo. Humanos geralmente vivem no endereço vizinho, Coração Desesperado. De vez em quando é bom mudar para nosso CEP.

Guia da Trixie para uma vida feliz

Depois de distância, nado, ou botão, você vai saber que não está em Coração Tranquilo se tem música alta, vozes estridentes. Talvez esteja em bar. Mas só tem calma no bar quando você fica muito alto e apaga.

Você não quer tipo de calma que é seguida por terrível dor de cabeça, vômito, ou vídeo não autorizado de sua imitação de Bob Esponja no YouTube. Você precisa dar *mais* distância ainda.

Primeiro Passo para Felicidade: Calma

Você ainda não está em Coração Tranquilo se houver multidão. Matilhas de cães podem ser calmas, mas raramente matilhas de humanos são.

Se a televisão está ligada, não é Coração Tranquilo. Não tem tevê em Coração Tranquilo. Ou rádio. Ou videogames. Ou telefones, nem mesmo iPhone. Nada de internet.

Quando finalmente estiver em Coração Tranquilo, você vai observar muito, pensar um pouco.

Aqui estão algumas coisas em que você *não vai* pensar: trabalho, política, cinema, tevê, celebridades, videogames, finanças, óvnis, coisas que você não tem mas quer, coisas que você tem mas não quer, aquecimento global, resfriamento global, vírus letais.

Primeiro Passo para Felicidade: Calma

Quando você vive um tempo em Coração Tranquilo, muitos sentimentos inundarão você, mas um certamente não é permitido. Raiva.

Você não pode ter raiva de republicanos, democratas, vizinho, amigo, mãe, pai, nem mesmo se tiver motivo para sentir raiva. Não pode ter raiva nem da maluca tia Edna quando tricota sapatinhos para patas e gorrinhos com buracos para orelhas que você tem que usar quando ela visita a família.

Calma é o primeiro passo na estrada para felicidade. Não se pode ficar calmo sentindo raiva.

Primeiro Passo para Felicidade: Calma

Humanos têm medo da calma. Estão sempre em movimento. Enchem vidas de dramas, grandes e pequenos. Pensam, pensam, sempre pensando, mas nunca pensamentos especiais que acompanham calma.

Único tipo de pensamento que importa.

Então encontre seu Coração Tranquilo.

Livre-se de toda raiva.

Fique calmo.

Mesmo se coelho aparece do nada, mordisca grama e você quer muito correr atrás dele, não pode.

Não se estiver em Coração Tranquilo.

Se quer fazer xixi, vá agora.
Não vamos ter tempo para fazer xixi de novo até que encontremos felicidade e você se apodere dela.

segundo passo para felicidade:
Beleza

O mundo é um lugar bonito.

Não quero dizer beleza grandiosa como do
céu estrelado.
Ou do Grand Canyon. Ou do Deserto Pintado.
Ou dos oceanos muito enormes, que trazem para
praia todo tipo de coisas malcheirosas, e você fareja,
fareja, fareja, e talvez coma e depois vomite.

Segundo Passo para Felicidade: Beleza

Falo também da beleza *pequena* como asas de joaninha. Como cor de cenoura e formato de pera. Como lua fragmentada em brilhantes pedacinhos na água. Como belo focinho preto de cachorro, frio e de textura granulada.

Falo até mesmo da beleza minúscula, como floco de neve. Como gota d'água, que reflete o mundo a seu redor, toda cena numa gota. Como padrão de fendas e bolhas em cubo de gelo. Como meia-lua na base da unha humana.

Segundo Passo para Felicidade: Beleza

Cachorros — como eu, Trixie — se encantam com a beleza do mundo. Se encantam não só de vez em quando, mas vinte e quatro horas por dia, sete dias por semana. Borboletas! Pássaros cantando! Rosas! Gatos! Até gatos são bonitos! Psicopatas, calculistas, sorrateiros, mas bonitos!

O mundo não é perfeito como antes. Nem tudo é bonito. Cocô de vaca não é bonito. Rato morto nada bonito. Pé de seis dedos de tia Edna não é bonito, exceto talvez para tio Bud. Mas todas essas coisas têm cheiro muito interessante, então beleza não é tudo.

Humanos não enxergam a beleza do mundo vinte e quatro horas por dia, sete dias por semana. Às vezes nem duas horas por cinco dias. É triste.

Vi tristeza, preciso fazer algo. Por quê? Porque sou cachorro. Quero mundo tão feliz quanto cachorros são felizes. Única coisa que quero tanto quanto mundo feliz é salsicha.

Segundo Passo para Felicidade: Beleza

Para encontrar a verdadeira felicidade, você precisa ver beleza do mundo natural a sua volta. Beleza ajuda a acalmar. Dia ruim no trabalho, você quase atacou colega com grampeador. Passe noite no jardim, olhando estrelas, afagando bichinho de estimação, vai esquecer impulso homicida.
É necessário aprender a ver beleza no mundo o tempo todo antes dos próximos seis passos para felicidade.

P ara ver beleza no mundo, você precisa olhar, olhar de verdade. Não olhar *através*. Não olhar *na direção* das coisas. É preciso olhar *para*.

Na maior parte do tempo, você olha para árvore e vê carro novo que quer ou problema no trabalho. Nada bom. É olhar *através*, mente ocupada demais para ver.

Segundo Passo para Felicidade: Beleza

Ou você olha para árvore e vê somente árvore. É bom ver somente árvore se você está dirigindo, porque assim não bate contra grande e velho carvalho, não tem enorme despesa com conserto, não é obrigado a fazer teste de bafômetro. Mas olhar para árvore e ver somente árvore é olhar *na direção dela*.

Olhar para árvore, ver raízes fortes desaparecendo na terra, ver textura de casca, tão complexa, galhos como cúpula de catedral, folhas verdes respirando, desenho rendado de sombras e luz de sol, ver fonte de sombra de dia quente, ver barreira contra vento, abrigo para pássaros, madeira para construir casas. Ver milagre que é árvore. Isso é olhar *para*.

Você quer biscoito?

Eu quero biscoito.

Vida sem biscoito seria...
Nenhuma metáfora me ocorre.
Vida inimaginável sem biscoitos.

Segundo Passo para Felicidade: Beleza

Pegue biscoito, nos encontramos aqui de novo em dez minutos.

Meu biscoito estava bom.

Seu biscoito parece melhor. Vê como realmente olhei *para* seu biscoito? Eu vejo milagre que é seu biscoito.

Humanos comem tão devagar. Talvez porque seus nomes não estão escritos em pratos, então nunca sabem ao certo se aquela é sua comida, se podem mesmo comer.

Enquanto espero você comer devagar, vou buscar segundo biscoito. Seis segundos.

Olá outra vez. Estou de volta, eu, Trixie Koontz, cão e autor e feliz comedor de biscoitos.

Demorei vinte e dois segundos a mais contemplando frase que li em Proust ontem à noite. Ainda não faz sentido. Proust não é dr. Seuss*.

---

* Theodor Seuss Geisel é escritor e cartunista norte-americano. Entre suas principais obras está *Como o Grinch roubou o Natal*. (N. da R.)

Segundo Passo para Felicidade: Beleza

O k. De volta à felicidade.

Por que é tão difícil para humanos aprender a olhar para coisas, enxergar beleza em todo lugar?

Uma razão: desejo. Humanos pensam basicamente no que querem em seguida. Sempre pensando no próximo desejo, vocês vivem no futuro, nunca *agora*. Não conseguem ver beleza do mundo, que é agora, porque estão cheios de desejo pelo que querem para próxima terça-feira.

Cachorros nunca sabem aquilo que vem depois. Sempre surpreendidos. Pode ser infecção de pele, pode ser bolo de carne inteirinho que cai no chão. Não adianta cachorro ter desejo porque cachorro não pode controlar o futuro.

Segundo Passo para Felicidade: Beleza

Quer saber um segredo? Você também não pode controlar o futuro. Ele acontece, infecção cutânea ou bolo de carne.

É ritmo da vida: bolo de carne, infecção cutânea, saco de batatas fritas esquecido aberto em mesa baixa, meteoro atravessando telhado. Bom da vida é que sempre tem mais bolos de carne que meteoros.

Outra razão igual-mas-diferente para humanos terem tanta dificuldade em olhar para coisas: prazer. Muitos humanos vivem para o prazer.

Nada errado com isso. Cachorros também gostam de prazer. Meus biscoitos eram prazer. Seu melhor biscoito provavelmente foi êxtase.

Segundo Passo para Felicidade: Beleza

E nfim, desejo distrai do agora, onde a vida é vivida. E prazer sem contexto leva vida sem significado.

Você pensa que "contexto" e "significado" são conceitos grandes demais para mente de cão. Está muito enganado. Cachorro pode correr atrás de bola e refletir sobre mistérios do universo ao mesmo tempo. Você não sabe disso porque só olha *em direção* de cachorros.

Tudo bem olhar apenas *em direção* de cachorros. São tão bonitinhos, é difícil enxergar além da superfície. Mas cães são como mar — radiantes com reflexo de sol na superfície, mas com mundo inteiro abaixo. Muito na vida é assim.

Exceto gatos. Gatos são bonitinhos. Mas aquilo que você vê é tudo que existe.

Segundo Passo para Felicidade: Beleza

Então estávamos falando sobre prazer. Você precisa ver a beleza profunda do mundo, da vida, para desfrutar inteiramente de prazer. Prazer sem beleza é só sensação vazia.

É como abrir com mordida pote plástico de manteiga de amendoim, comer todo conteúdo. Delicioso agora. Mas agir como porco não é bonito. Sente vergonha mais tarde. E grande desconforto intestinal.

Beleza do mundo, da vida, coloca prazer em contexto porque beleza é melhor que prazer. Prazer passa, beleza resiste (sabedoria canina). Beleza do mundo, da vida, é dádiva. Prazer tido com consciência de dádiva é agradecimento, e todos nos sentimos bem dizendo obrigado.

Segundo Passo para Felicidade: Beleza

Agora, mais sabedoria canina: beleza do mundo inclui rosto humano. Cachorros amam todo rosto humano. Humanos amam apenas alguns. Não existe rosto feio. Só beleza diferente. Humano que nunca dá biscoito ainda pode ser bonito.

Pare quatorze segundos, pense nisso.

Ok. Dois passos. Um, fique calmo.
Dois, veja o mundo em toda sua beleza.

Você completou Segundo Passo. Bom humano.

Eu lamberia seu rosto se você estivesse aqui.

De nada.

terceiro passo para felicidade:
Diversão

Terceiro Passo para Felicidade: Diversão

O mundo é divertido. Campinas para correr. Lagos para nadar. Colinas, vales, praias para explorar. Infinidade de coisas para cheirar. Muito para aprender, para ver. Gatos para perseguir.

Aviso: não dá para alcançar felicidade se pegar gato. Gatos são apenas para perseguir. Pegue gato, e ganha nariz arranhado, ida a veterinário, cortes suturados, agulhas no traseiro, e todo mundo rindo, especialmente gato.

Mundo é presente para fazer você feliz.

Você não pensa nele como presente, porque não veio embrulhado em papel brilhante e laço de fita. Não tem etiqueta de presente com mensagem: *Querida Loretta, aqui está seu mundo. Tenha uma vida feliz. Com amor, Deus.*

Também é difícil pensar em mundo como presente porque é tão extravagante. É como você convidar alguém para jantar e a pessoa trazer duas Mercedes idênticas de presente para anfitrião.

Terceiro Passo para Felicidade: Diversão

Mas o mundo é grande presente. Cachorros sabem disso. Estamos sempre felizes. Exceto quando vemos como humanos às vezes recusam felicidade. Então ficamos tristes por vocês.

É verdade: *cães sabem*. Alguns dizem "cães são o máximo!". Isso não é verdade. Se cães fossem instância máxima, vocês pagariam impostos com salsichas. Mas cães *sabem*.

Felicidade é escolha. Você pode escolher feliz ou infeliz, não importa o que aconteça. Ninguém mais pode fazer você feliz. Precisa ser feliz por si mesmo.

Pense nisso. (Não entre em pânico. Não é em Proust que você vai ter de pensar. Nem mesmo no dr. Seuss.) Sol é 330 mil vezes maior que Terra, massa fervente de reações termonucleares. Às vezes, o sol esfria pouquinho, a Terra tem era de gelo. Às vezes, sol esquenta pouquinho, Terra fica quente demais. Certo dia, sol pode esquentar mais que pouquinho e incinerar Terra instantaneamente. E ainda, polo magnético do planeta poderia mudar, destruir civilização em um dia.

Então por que ficar deprimido por causa de alimento com gordura trans?

Terceiro Passo para Felicidade: Diversão

Humanos e cachorros tão pequenos. Universo tão grande, maior até que maior Walmart, cheio de coisas que fazem bum e bang. Mas nós sobrevivemos.

Sinta-se feliz por sobrevivermos. Abrace a alegria, não a tristeza.

Agora vou buscar biscoito antes que polo magnético se altere. Volto em vinte e um segundos.

Biscoito excelente. Digno de matéria de capa para revista *Gourmet*. Viver à beira de desastre planetário fez biscoito ainda mais gostoso.

Risada é tranquilizante sem efeitos colaterais. Melhor risada é rir de si mesmo. Meu pai humano, que é autor, disse que vida é desfile de bobos e ele vai na frente da parada com bastão.

Se puder rir de você mesmo, certamente vai ter mais diversão na vida.

Terceiro Passo para Felicidade: Diversão

Algumas verdades sobre diversão:

Você não precisa de iate para se divertir. Barco a remo serve. E não é só porque outro cara tem iate que barco a remo é menos divertido.

Caixa de rosquinhas de limão ainda é coisa boa, mesmo que vizinho tenha quatro caixas.

Com licença. Vou até o vizinho.
De volta em quarenta segundos, ou meia hora.

Nada de rosquinhas no vizinho. Eu, Trixie Koontz, estou sempre pronta para experimentar singular felicidade de guloseimas assadas. Sabia que rosquinhas eram só hipotéticas, mas precisava ter certeza.

Otimismo é necessário para diversão.

Às vezes, rosquinhas hipotéticas podem ser reais. Você nunca as encontraria se não procurasse.

Terceiro Passo para Felicidade: Diversão

Você só pode ser otimista quando limita sua preocupação às coisas que pode mudar. Não pode alterar rota de gigantesco asteroide a caminho da Terra. Não pode mudar sol, esquentando ou esfriando. Não pode evitar bactérias carnívoras simplesmente mudando de casa sem deixar endereço.

Se espera que coisas ruins aconteçam, passa a vida deprimido, esperando. E às vezes, esperar coisas ruins é como ímã: elas são atraídas para você.

Guia da Trixie para uma vida feliz

Otimismo é como biscoito mental.
Biscoito alimenta barriguinha.
Otimismo alimenta coração.

Terceiro Passo para Felicidade: Diversão

Thomas Jefferson disse vida é principalmente luz do sol. Hitler disse principalmente que é sofrimento. Freud disse vida é desprovida de sentido.

Você *sabe* de qual deles era o cachorro que mais se divertiu.

intervalo para um pouco de
sabedoria canina

Você, que é leitor, deu três passos na direção da felicidade. Precisa descansar um pouco. Precisa meditar. Aqui vão algumas sábias colocações caninas sobre as quais talvez valha a pena meditar.

Intervalo para um Pouco de Sabedoria Canina

Não morda abelha. Vai ser picado. Focinho incha. Fica parecendo porco com pelos.

Incentive consumo de cerveja em piqueniques. Bêbados deixam cair mais comida.

Intervalo para um Pouco de Sabedoria Canina

Nunca julgue uma pessoa
pela aparência.
Julgue pelo cheiro.

Se papai surpreender você
dirigindo conversível,
diga que gato o obrigou,
com revólver.

Intervalo para um Pouco de Sabedoria Canina

Quando parar para cheirar rosas, cuidado para não inalar abelhas.

Se todo dia é primeiro dia de sua vida, talvez você seja eternamente infantil.

Intervalo para um Pouco de Sabedoria Canina

Quando der uma festa,
lembre-se de que gatos
não sabem beber.

Coma grama, vomite.
Não parece divertido,
mas é.

Intervalo para um Pouco de Sabedoria Canina

Amor e salsicha são parecidos. Nunca se pode ter o suficiente de nenhum dos dois.

Guia da Trixie para uma vida feliz

Cachorros adoram se fazer de bobos. Junte-se a nós. Não vamos contar a ninguém.

Intervalo para um Pouco de Sabedoria Canina

Se humanos tivessem pelos como cachorros, não haveria indústria de confecções.

Guia da Trixie para uma vida feliz

Filhote é único amor
que o dinheiro pode
comprar.

Intervalo para um Pouco de Sabedoria Canina

O carteiro não vem
para **matar todos nós**.
Ele vem para **torturar**
e depois matar.

Patas são melhores que mãos.
Patas não podem falsificar assinaturas
não podem apontar dedos
acusadores,
não podem puxar gatilhos,
não podem fazer gestos obscenos,
não podem roubar carteiras.

Intervalo para um Pouco de Sabedoria Canina

Lua provavelmente não feita de queijo. Mas se tiver uma chance em dez milhões de ser feita de queijo, devemos triplicar orçamento anual da Nasa.

Jack Espadilha gordura
não comia.
Sua esposa evitava carne
muito magrinha.
Sobrava mais para
cachorro.*

---

* Aqui, é feita uma brincadeira com uma tradicional cantiga infantil da língua inglesa – em tradução livre:
João Espadilha gordura não comia
A esposa evitava carne muito magrinha
E então, veja só, os dois juntos no jantar
Esvaziavam uma travessa inteirinha.

quarto passo para felicidade:
Significado

É seu mundo. É seu lugar. Nem menos nem mais que ninguém, você pertence. Você não é marciano. É terráqueo. *Bienvenu!* Entre! Sinta-se em casa! Desmonte e remova a sela! Não é nenhum cesto de boas-vindas com guloseimas grátis, nem cupons de desconto de cinquenta por cento, mas ainda assim é planeta muito legal.

Quarto Passo para Felicidade: Significado

Você ainda precisa tomar banho, escovar dentes, aprender boas maneiras, e não cutucar nariz em público. Pertencer inclui muitas responsabilidades, assim como direitos.

Cutucar nariz *secretamente* é direito seu, mas vem acompanhado da séria responsabilidade de lavar mãos em seguida.

Uma responsabilidade é descobrir a razão de você estar aqui.

Nenhum político pode dar significado à sua vida. Procurar significado em política é como comprar pacote de mortadela esperando encontrar mensagens de Deus escondidas entre fatias.

Nenhum site na internet pode te dizer. Nenhum livro. Nenhum CD com título como "Trinta Dias para Riqueza, Fama e Domínio do Mundo".

Cada um precisa encontrar o próprio caminho. Leia, pesquise, pense, ore.

Quarto Passo para Felicidade: Significado

Todos têm própria razão para estar aqui, única e só sua. Como sua impressão digital é única. Como seu DNA é único.

Como seu cheiro é único, para cão poder rastreá-lo através dos lamacentos Everglades, de Miami até Key West, e prendê-lo pelo crime, presumindo que seja criminoso e que cão tenha alguma autoridade policial.

Alguns humanos não acreditam que cada pessoa está aqui por uma razão. Dizem que estão aqui apenas para procriar, comer, morrer.

Tenha cuidado com humanos que dizem essas coisas. É filosofia do louva-deus acasalar com parceiro e depois devorá-lo vivo no mesmo encontro.

Quarto Passo para Felicidade: Significado

Você não quer ser comido vivo em encontro. O motivo de estar aqui pode ser mistério, mas certamente não é para servir de jantar.

Quando usar serviço de relacionamentos da internet, pergunte que aconteceu com último par do pretendente. Se resposta for "foi comido vivo", você não encontrou parceiro de seus sonhos.

Vou dizer o que é um significado verdadeiro. Talvez você deva dar carinho a uma criança especial. Ela cresce, se torna curandeira ou sábia líder. Então seu propósito foi tão grandioso quanto de qualquer rei, talvez maior.

Quarto Passo para Felicidade: Significado

Não é porque você faz algo bem que isso é propósito de sua vida. Talvez você seja gênio do pôquer. Se diverte. Ganha dinheiro. Mas pôquer não pode dar significado à vida.

Cachorros jogam pôquer tão bem que inspiraram renomados pintores de jogos de cartas caninos. Rembrandts desaparecidos, roubados do Louvre na Segunda Guerra Mundial, mostram cães renascentistas se divertindo com versões antigas do jogo de cinco cartas.

Mas o propósito dos cães não é jogo de cartas. Nem mesmo bolas de tênis. Propósito dos cães é dar amor, ensinar lealdade, ensinar coragem e mostrar a humanos como se divertir.

Seu propósito pode ser morrer para salvar outros ou defender seus direitos, e direitos mais importantes que de cutucar nariz escondido. Humanos morrem uns pelos outros todo dia.

É nossa responsabilidade honrá-los.
Eles são aquilo que há de melhor na humanidade.

Quarto Passo para Felicidade: Significado

De todos os animais, só cães morrem para salvar vida humana. Nunca vi vaca pular em lago para puxar menino se afogando para margem. Nunca vi hamster afugentar assaltante armado. Só cão. É razão pela qual homem e cachorro têm ligação. Somos guardiões um do outro. Compartilhamos um destino.

E compartilhamos muitas características também. Humanos e cachorros são únicas criaturas que adoram brincar ao longo da vida. Ambos anseiam por afeição. Valorizam lealdade. Enxergam mistério no mundo. Ficam animados com frisbee.

Eu, Trixie, conheci cozinheiro que adorava frisbee. (Isto é aquilo que os escritores chamam de "sentença de transição suave". Apenas continue lendo.)

Talvez você esteja na Terra para ser cozinheiro. Não pense que é destino insignificante. Fazer comida que dá bem-estar, é grande feito.

Aqui em Rainbow Bridge, onde animais esperam seus amados humanos chegarem, sentimos cheiro de comida do Paraíso. Há montes de cozinheiros excelentes por lá.

Quarto Passo para Felicidade: Significado

Não consegui encontrar uma sentença de transição realmente boa, então vou apenas seguir em frente:

Talvez você esteja na Terra para inspirar outros. Como professores e pastores fazem. Como criança com síndrome de Down inspira, superando suas limitações com coração bondoso e sorriso doce.

E ntão, como encontrar seu propósito?

Primeiro se pergunte o que mais gosta de fazer. Se resposta não for atividade criminosa, pode ser seu propósito.

Quarto Passo para Felicidade: Significado

Se resposta for "comer, beber, dormir, festejar, comprar", você não entendeu pergunta. *Propósito* quer dizer que você contribui. Parecer legal não é contribuição.

Pergunte-se que pessoas você mais admira.
Talvez aquilo que você as admira fazendo seja aquilo que *você* deve fazer.

Talvez seu propósito seja educar bons filhos. Mundo precisa de boas crianças. Já tem muitos valentões.

Quarto Passo para Felicidade: Significado

Talvez seu propósito seja resgatar cachorros vítimas de maus-tratos e abandono, dar-lhes lar. Então, você é santo. No Paraíso, anjos vão lhe dar pratos com seu nome escrito, e então você vai ter certeza de que a comida é sua, e comerá depressa, sem nenhuma preocupação.

Nenhum propósito é insignificante se melhora vida de outros. Boa enfermeira alivia mais dor que qualquer estrela de cinema.

Encontre seu verdadeiro propósito, você vai encontrar a felicidade.

quinto passo para felicidade:
Os Outros

É famoso ditado humano: nenhum homem é uma ilha. Por muito tempo, eu, Trixie, que sou cadela razoavelmente perceptiva e analítica, considerei esse ditado estúpido. Que significa "nenhum homem é uma ilha"? Nenhum homem é continente também. Nenhum homem é oceano. Nenhum homem é quarteirão de Cleveland.

Quinto Passo para Felicidade: Os Outros

Conheci homens que *cheiravam* como nove quarteirões de Cleveland reunidos em única pessoa, mas é outra história. Não história muito interessante, então provavelmente nunca a escreverei. Regra básica no mundo dos escritores: se história exige descrições longas de cheiros tão horríveis que vão provocar náuseas no leitor, é pouco provável encontrar alguém para publicá-la.

Eu, Trixie, que não tenho polegares, obedeço regras. Porque cães gostam de viver de acordo com regras, desde que sejam justas. Diretrizes dão conforto.

Enfim, um dia compreendi que "nenhum homem é ilha" quer dizer que pessoas precisam de pessoas, dito com apenas cinco palavras, enquanto sra. Barbra Streisand precisou de uma canção inteira. Como cachorros também precisam de pessoas, compreensão chegou como deliciosa fatia de bacon.

Preferia bacon de verdade, mas me contento com compreensão.

Quinto Passo para Felicidade: Os Outros

Para alcançar felicidade, precisa viver em Coração Tranquilo, mas também precisa ter coração *aberto*. É difícil encontrar felicidade quando está solitário.

Não estou sugerindo romance.
Não sou Danielle Steel, amigos.

Se estivesse falando de romance, teria mencionado canção dos Beatles, *All You Need Is Love*, em vez de canção da sra. Barbra. Teria sido clichê, mas cachorros não temem clichês, perseguem carros e fazem xixi em hidrantes sem ficar constrangidos.

Quando digo "outros" não me refiro nem mesmo a amigos. Ter amigos pode ser bom. Você precisa de bons amigos.

Mas amigos também podem exercer má influência, pessoas com quem você bebe até cair. Podem ser pessoas com quem você assalta bancos. Em filmes antigos, algumas vezes Drácula e Frankenstein eram amigos, mas não era relacionamento saudável e revitalizante.

Quinto Passo para Felicidade: Os Outros

F alo de pessoas em cujas vidas você realmente faz diferença boa. Como pessoas sem comida no Natal, e você lhes dá chester.

(Dar chester a cachorro também conta.)

Ou cidadão idoso está acamado e você realiza tarefas para ele. Ou vizinho incapacitado não pode aparar gramado, e você cuida disso.

Guia da Trixie para uma vida feliz

Trixie, que é eu, já foi cão de assistência a pessoas com necessidades especiais. Fui treinada pela Canine Companions for Independence*. Muitas e muitas pessoas dedicam milhares de horas de serviço voluntário à CCI todo ano.

Foi o que quis dizer quando intitulei Quinto Passo de "Os Outros". Viver para outros tanto quanto para si é GRANDE passo na direção da felicidade. Vivendo para os outros não dá para ficar entediado. Vivendo para os outros, não dá tempo de ter pena de si mesmo. Vivendo para os outros é melhor resposta para: por que estou aqui, qual significado da vida, alguém liga, eu tenho alguma importância?

---

* Companhia Canina pela Independência. (*N. da E.*)

Quinto Passo para Felicidade: Os Outros

Viver para outros não vai responder a todas questões. Como: por que a galinha atravessou rua? Por que o bombeiro usa suspensório vermelho? Que veio primeiro, ovo ou galinha?

Essas são questões cósmicas que só Deus responde quando morremos. Nenhum humano ajuizado espera respostas para questões cósmicas num livro escrito por cachorro, então não me mande e-mails pedindo dinheiro de volta.

Além desse negócio de nenhum homem ser ilha, outro ditado humano que me parecia idiota: você quer ter bolo e quer comê-lo também.*

Ainda parece idiota. Se come bolo, ainda o tem. Bolo agora é parte de você. Eu sou três por cento bolo, três por cento fatias de maçã e outras frutas, sete por cento frango, cinco por cento carne vermelha, dois por cento peixe, dois por cento presunto, dois por cento queijo, um por cento bolinhos de arroz com geleia de morango, dois por cento manteiga de amendoim, cinquenta por cento ração, um por cento batatas chips, vinte e dois por cento miscelânea.

Único jeito de comer bolo e não tê-lo mais é comer depois vomitar. E quem quereria isso?

---

* Ditado da língua inglesa, que significa "não se pode ter tudo ao mesmo tempo". (*N. da E.*)

Aqui vai mais um ditado idiota: as coisas são aquilo que são. Não brinca. Se *não fossem aquilo* que são, então que seriam? E se são aquilo que *não são*, que diabo está acontecendo aqui?

Peço desculpas pela linguagem chula. Não costumo ser assim. Mas até cães às vezes perdem paciência.

Outro ditado realmente estúpido: cuidado com aquilo que deseja. Uau, obrigada por avisar! Quase desejei que raio acertasse meu traseiro. Foi por pouco. Quase desejei ser atacado por bando de gatos raivosos. Que eu estava pensando?

Quinto Passo para Felicidade: Os Outros

Alguns provérbios humanos não são estúpidos, apenas dolorosamente óbvios. Como: tudo que sobe, desce. *Dã*. Ou: aquilo que vai, volta. Duas vezes *dã*. Ou: aquilo que será, será. A menos que não seja aquilo que é.

Esses ditados não têm nada a ver com Quinto Passo para felicidade. Estou apenas desabafando.

Escrever livro é estressante. Preciso de intervalo para voltar a Coração Tranquilo. Me dê cinquenta segundos.

Só precisei de sete. Quase peguei no sono.

Quinto Passo para Felicidade: Os Outros

Enfim, Quinto Passo é viver para os outros. Isso você *pode* aprender com cachorros. Cachorros vivem para pessoas. Por que você acha que suas caudas estão quase sempre balançando?

sexto passo para felicidade:
Humildade

Sexto Passo para Felicidade: Humildade

Eu, Trixie, que sou cadela filósofa, estive pensando no que veio primeiro — cachorro ou ração? Cachorro ou saquinhos de recolher cocô? Cachorro ou brinquedos de borracha com apito dentro? Cachorro ou biscoito?

Concluí que ração, saquinhos, brinquedos e biscoitos vieram primeiro, porque Deus quis que tudo de que cães precisam estivesse aqui quando chegassem.

Significa que pessoas também vieram antes de cachorros, porque cães precisam de pessoas para nos dizer como somos fofos. Então cachorros foram últimas coisas postas na terra — auge da criação.

Auge da criação!
Cães, cães, cães!

Sexto Passo para Felicidade: Humildade

São muitas provas de que cachorros são auge da criação. Nenhum cachorro se compara a Paris Hilton. Nenhum cachorro usaria xadrez e listras ao mesmo tempo. Nenhum cachorro jamais amarrou humano a poste, o deixando sozinho no quintal. Nenhum cachorro jamais ficou bêbado e acordou na manhã seguinte com gato estranho na cama.

Cães são máximo! Auge da criação!
Cachorros, cachorros, cachorros!

O texto anterior foi um exemplo daquilo que não é humildade.

Foi embaraçoso escrever. Se eu não tivesse pelos, meu rubor seria evidente.

Humildade é passo importante para felicidade.

Sexto Passo para Felicidade: Humildade

Oposto da humildade: ego exagerado, arrogância.

Ninguém gosta de humanos arrogantes com egos gigantescos. Humanos arrogantes não têm amigos verdadeiros, só falsos. Como conde Drácula e monstro Frankenstein não eram *realmente* amigos. (Veja Quinto Passo.)

Pessoas arrogantes não conseguem encontrar propósito. Talvez encontrem dinheiro, fama, poder — mas não propósito significante. Porque estão ocupadas demais amando a si mesmas.

Tempo é cruel com arrogantes. Mesmo pessoas arrogantes são minúsculas comparadas ao universo. Tempo mostrará quão pequenas são.

Sexto Passo para Felicidade: Humildade

São Francisco disse: "Onde há paciência e humildade, não há raiva nem vexação".

Vexação significa preocupação, confusão, tormento. Tive de olhar no dicionário humano. Não consegui encontrar no dicionário canino.

São Francisco era sábio. Ele disse: console os outros em vez de buscar ser consolado, ame em vez de buscar ser amado, compreenda em vez de buscar ser compreendido. Ele disse: dê a cachorros todos biscoitos que eles quiserem.

A última não é verdadeira. Estou envergonhada, tentando usar São Francisco para conseguir guloseima.

Sexto Passo para Felicidade: Humildade

Vou dizer coisa que cachorros gostam de fazer. Deitar de costas na grama e olhar as estrelas. Pensar em quão grande é universo, quão pequena é eu. Pensar como tempo é longo e como vida aqui é curta.

Faz você se sentir bem porque percebe que não pode mudar o mundo, apenas melhorar o cantinho onde você está.

Fama não significa nada. Tempo apaga fama.

Grande poder não dura. Tempo apaga o poderoso.

Sua raiva morre com você.

O amor que você transmite permanece.

Cínicos vão torcer nariz para essa verdade. Tempo apaga cínicos.

Sexto Passo para Felicidade: Humildade

Você tem tanto amor para dar quanto qualquer rei ou estrela de cinema. Se humilde, você tem *mais* para dar que rei ou estrela de cinema.

intervalo para um pouco de

sabedoria sobre cães

O que temos aqui não é sabedoria *de* cão, eu, Trixie. Aqui, é sabedoria *sobre* cães, ditas por gente. Meus comentários seguem cada colocação. Há muito a ser aprendido aqui.

Intervalo para um Pouco de Sabedoria Sobre Cães

SE VOCÊ PEGA UM CACHORRO FAMINTO E O FAZ PRÓSPERO, ELE NÃO MORDERÁ VOCÊ. ESSA É A PRINCIPAL DIFERENÇA ENTRE UM CACHORRO E UM HOMEM.

— **Mark Twain**

Material perfeito para piadas sobre gatos. Pelo bem da caridade, vou me conter.

Amo um cachorro. Ele não faz nada por razões políticas.

— **Will Rogers**

E cachorro não faz promessas que não pode cumprir, só beija bebês que ama.

Intervalo para um Pouco de Sabedoria Sobre Cães

Não existe confiança que nunca tenha sido abalada exceto a de um cachorro verdadeiramente fiel.

— **Konrad Lorenz**

E veja como cães são felizes. Significa que manter votos o faz mais feliz que quebrá-los.

Um cachorro é a única coisa na terra que ama você mais do que a si mesmo.

— Josh Billings

Cães dão amor incondicional para prepará-lo para amor de Deus quando você morrer e for a seu encontro. Caso contrário, amor de Deus nocautearia você.

Intervalo para um Pouco de Sabedoria Sobre Cães

O CACHORRO QUASE NUNCA CONSEGUIU ELEVAR O HOMEM AO SEU NÍVEL DE ESPERTEZA, MAS O HOMEM FREQUENTEMENTE ARRASTA O CACHORRO PARA SEU BAIXO NÍVEL.

— James Thurber

Tentando mudar isso com meu livro. Mas sou apenas cão. Ainda sou facilmente desvirtuada por negociações ou bolas de tênis.

CÃES ADORAM COMPANHIA. ELES A COLOCAM EM PRIMEIRO LUGAR EM SUA CURTA LISTA DE NECESSIDADES.

— J. R. Ackerley

Depois da morte, esperamos por vocês em Rainbow Bridge. Lá, haverá solidão suficiente para eternidade. Aqui e no Paraíso, vamos nos divertir juntos.

Intervalo para um Pouco de Sabedoria Sobre Cães

Você acha que os cachorros não estarão no paraíso. Eu lhe digo, eles vão estar lá muito antes de qualquer um de nós.

— Robert Louis Stevenson

E vamos começar a interceder por vocês assim que chegarmos lá.

O CACHORRO FOI CRIADO ESPECIALMENTE PARA AS CRIANÇAS. ELE É O DEUS DA BAGUNÇA.

— Henry Ward Beecher

Se vocês permitirem, por mais velhos que sejam, faremos de vocês crianças novamente. Brincar e rir nega ao tempo seu poder.

Intervalo para um Pouco de Sabedoria Sobre Cães

Escavadores que reviravam a cinza vulcânica que soterrou as ruínas de Pompeia em 79 d.C. descobriram um cachorro deitado sobre uma criança (tentando protegê-la). O cachorro, cujo nome era Delta, usava uma coleira que contava como ele salvara a vida de seu dono, Severinus, três vezes.

— **John Richard Stevens**

Não há nada que nos faça sentir melhor que saber que fizemos tudo aquilo que podíamos.

Guia da Trixie para uma vida feliz

As pessoas se esforçaram muito para alcançar a felicidade em suas vidas. Tendem a ser absorvidas pelo próprio mundinho. As pessoas ficam confusas porque não sabem do que precisam ou o que querem e, então, aparece a depressão. Os cachorros não têm esse problema. Eles sabem exatamente o que os faz felizes — fazer alguma coisa por alguém. Eles farão tudo que puderem imaginar para agradar seus companheiros humanos, e qualquer sinal de sucesso os faz muito felizes.

— John Richard Stevens

Viver para si mesmo é chato. Todo dia mesmas vontades, necessidades, mesmos desejos.
Viver para outros é sempre variedade, surpresa, alegria.

sétimo passo para felicidade:
Perda

Aceite a perda. Perdas que aconteceram, perdas que virão. Não pode encontrar felicidade até conseguir aceitar perda.

Pode ser, dos oito, passo mais difícil de entender. Perder machuca mais que tudo. Perda de cônjuge, ou filho ou pais. Perda de animal de estimação amado. Dói mais que dor física.

Sétimo Passo para Felicidade: Perda

P or que morte? Por que dor?

Lembre-se, eu, Trixie, sou apenas cão, mas vou repetir aquilo que dizia minha mãe cachorra, que era mais sábia que eu.

No início, mundo não tinha dor ou morte.

Animais viviam permanentemente em paz — humanos também. Todos nos encontrávamos na Starbucks, íamos a restaurantes vegetarianos, dançávamos a conga — bem, talvez esteja confusa sobre essa parte. Enfim, não havia dor nem morte; paz era permanente.

Guia da Trixie para uma vida feliz

Humanos receberam livre-arbítrio. Significa que não eram animais, mas um degrau abaixo dos anjos. Humanos, e só humanos, eram livres para fazer qualquer coisa que quisessem — obedecendo leis naturais ou não.

Alguns escolheram não obedecer. Com essa má escolha, abriram porta para maldade e trouxeram dor e morte para mundo.

Fico muito feliz de não ter sido cão que faz má escolha. Nós levamos culpa por cada mancha nova no tapete, mesmo que não tenhamos sido nós. Posso imaginar castigo que teríamos se mundo todo estragado.

Sétimo Passo para Felicidade: Perda

Então, alguns humanos se entregaram a inveja, ambição, ciúme e coisas piores. Não precisamos ir por aí. Você sabe aquilo que é pior. Mundo vira lugar violento.

Considere isso tudo na próxima vez em que for dizer: "cachorro mau".

Mas trazendo morte e dor ao mundo, humanos também trouxeram chance de redenção. Perder é coisa mais difícil, mas também é professor mais difícil de ignorar.

Se você nunca tivesse conhecido dor, perda ou sofrimento, como aprenderia compaixão? Solidariedade por outros vem da compreensão de seu sofrimento. Sem experiência de perda, de dor, humanos seriam monstros, se importando apenas com próprio prazer.

O sofrimento ensina humildade, ensina compaixão.

Sétimo Passo para Felicidade: Perda

Sou só cão, eu, Trixie Koontz, então gostaria de citar trecho do livro de meu pai humano, *ODD HOURS*, sobre assunto. Ele é humano mas cachorro, também, à sua maneira, por isso pode falar melhor que eu, e com alguma sabedoria canina. Só espero que ele não me cobre direitos autorais:

Sofrimento pode destruir você — ou focar você.

Você pode concluir que um relacionamento foi em vão se ele termina em morte e você, sozinho.

Ou você pode perceber que cada momento desse relacionamento significou mais daquilo que você ousou reconhecer na época, significou tanto que o assustou, por isso você simplesmente viveu, sem dar valor a amor e a riso de cada dia, e não se permitiu considerar o quanto isso era sagrado.

Sétimo Passo para Felicidade: Perda

Mas quando acaba e você fica sozinho, começa a ver que não era apenas cinema e jantar juntos, não era só assistir a pôr do sol juntos nem apenas esfregar chão e lavar louça juntos ou se preocupar com preço de conta de luz. Em vez disso, era tudo, era razão da vida, cada um dos eventos e preciosos momentos dela.

A resposta para mistério da existência é amor que você compartilhou, algumas vezes com tanta imperfeição, e quando perda desperta você para beleza profunda dele, para sua santidade, você não consegue deixar de ficar de joelhos por muito tempo não pelo peso da perda, mas pela gratidão por tudo que a antecede.

Sétimo Passo para Felicidade: Perda

E dor está sempre ali, mas um dia não haverá vazio porque nutrir vazio para tirar consolo dele é desrespeitar presente da vida.

Sou eu de novo, Trixie Koontz, cão.

Quando você aceita perda e compreende por que precisa acontecer, não pode ser amargo. Só dá para ficar deprimido por pouco tempo.

Humanos amam todas coisas que não podem durar. É bom amar aquilo que não dura — se também ama, ainda mais, aquilo que dura.

Sétimo Passo para Felicidade: Perda

Ame calma que conduz a Coração Tranquilo porque próxima vida será inteiramente vivida com Coração Tranquilo.

Ame beleza do mundo porque é prévia de beleza da eternidade.

Ame diversão e riso porque você foi feito para diversão.

Ame — e viva para — os outros porque, como você, eles estão aqui por uma razão, e como você, sobrevivem ao mundo. Quando cão abandonado ou vítima de violência é salvo por grupo de resgate, salvadores o colocam num lugar chamado "lar eterno". Ame os outros porque eles um dia compartilharão seu lar eterno, talvez até tia Edna, com pés de seis dedos.

Ame humildade dos outros, não fama. Encontre humildade em si mesmo, mas não se orgulhe dela.

Então lá vamos nós para Oitavo Passo, último passo para felicidade. Agora você vai descobrir por que conquistar felicidade é mais ou menos como perder pelos.

oitavo passo para felicidade:
Gratidão

Guia da Trixie para uma vida feliz

Biscoitos! Salsicha! Maçãs! Bolo! Ração! Frango! Cordeiro! Arroz! Pêssegos! Purê de batatas! Cenouras! Sorvete! Peixe! Eu disse ração? **Ração!!!** Manteiga de amendoim!!!!!!

Oitavo Passo para Felicidade: Gratidão

É tendência dos autores caninos exagerar no uso dos pontos de exclamação. Não é resultado de alfabetização deficiente, é mais predisposição genética relacionada à natureza alegre e entusiasmada.

Para evitar comentários desagradáveis de críticos literários, tentei não exagerar no uso dos pontos de exclamação. Mas quando chega capítulo sobre gratidão, não consigo me conter!

Gatos nunca exageram nos pontos de exclamação, preciso reconhecer. Não são muitos gatos que escrevem livros. Eles escrevem haicais,* para ter mais tempo para ficar deitados por aí, cochilando durante dia. Não estou dizendo que gatos são preguiçosos. Eles apenas têm menos a dizer.

---

* O haicai (ou haiku) é um tipo de poesia curta japonesa, com dois versos de cinco sílabas e um de sete. (*N. da E.*)

Oitavo Passo para Felicidade: Gratidão

Luz do sol! Nascer do sol! Pôr do sol! Chuva! Caminhar na chuva, pelo molhado, cheiro tão bom! Neve! Vento, vento, vento de um milhão de cheiros!!!

Quando coração se enche de gratidão pelos presentes da vida todos os dias, você esta à beira da felicidade.

Para conhecer gratidão tão constante e profunda, você teve que se desprender de muitas coisas.

Oitavo Passo para Felicidade: Gratidão

Cachorros sabem sobre se desprender — exceto raças mais raras, que têm cabelos, não pelos. Não é culpa deles. Só sua natureza. Também não é culpa deles se humanos tosam pelos criando desenhos engraçados e os enfeitam com fitas. É a mesma espécie — humana — que abriu porta para mal e arruinou mundo. Deixar cachorro ridículo não é grande coisa em comparação. Humanos normalmente têm boas intenções, só não raciocinam muito bem.

Para se aproximar da felicidade você teve de se desprender da ansiedade e do desespero que impedem calma, teve que encontrar Coração Tranquilo.

Muito bem. Sente. Fique. Aproveite.

Para se aproximar da felicidade, teve de remover venda dos olhos, que impedia de enxergar beleza que está em todos lugares do mundo.

Estou tão orgulhosa de você. Se tornou humano que eu poderia levar a qualquer lugar.

Oitavo Passo para Felicidade: Gratidão

Para se aproximar da felicidade, você teve que perceber que mundo é presente, é divertido e felicidade é sua escolha. Teve que se despir da tristeza e da tendência para se preocupar com coisas que não pode controlar.

Dê um biscoito a si mesmo. Você merece.

Para se aproximar da felicidade, teve que se livrar da dúvida e ver que vida tem sentido, e você está aqui por um propósito. Esse é passo difícil para muitos — admitir que você *importa*, que tudo importa.

Eu coçaria sua barriguinha se você estivesse aqui.

Oitavo Passo para Felicidade: Gratidão

Para se aproximar de felicidade, você teve de se desfazer da ideia de que vida é você primeiro, teve que perceber que vida são outras pessoas.

Portanto, superou impulso de pensar como gato.

Para se aproximar de felicidade, você teve que se despir do orgulho, se livrar da ideia de que fama e poder são importantes. Teve que ver beleza na humildade.

Para se aproximar de felicidade, você teve de se desfazer da amargura que perda pode provocar. Perder machuca porque o que havia antes era muito doce.

Seja grato pela doçura.

Oitavo Passo para Felicidade: Gratidão

Seja grato pelas lições que perda dá a coração humilde, pelas outras pessoas em sua vida que ajudarão a conviver com perda, pelo sentido que essas pessoas podem trazer para sua vida, pelas risadas que compartilha com elas, pela beleza do mundo, que nos permite rir, e pelo Coração Tranquilo que torna possível ver a beleza.

Correr em colinas! Nadar em lago! Perseguir bola! Brinquedos! Brinquedos barulhentos! Mão amorosa! Coceirinha atrás da orelha! Água fresca quando se tem sede! Cozinhas e todos seus aromas! Visitantes que vêm brincar! Voz humana e palavra gentil! Ouvidos para ouvir! Olhos para ver! Língua para saborear! Um coração grande bastante para abrigar tudo isso — fascínio, mistério, beleza!

Ah, graça.

Seja feliz. De mim, Trixie Koontz, que sou cão.

Seja feliz, para sempre.

Este livro foi composto na tipologia Futura Book,
em corpo 11/18, e impresso em papel off white bold 90g/m²
na Markgraph.